Gedanken Gefühle Gedichte

FSC
www.fsc.org
MIX
Papier aus ver-
antwortungsvollen
Quellen
Paper from
responsible sources
FSC® C105338

Satz und Layout: Karl Miziolek
www.wortbilder.at

Herstellung und Verlag:
BoD –Books on Demand, Norderstedt

ISBN 9783739231105

Karl Miziolek

Momente

Gedanken Gefühle Gedichte

Inhalt

Gedanken

Empfindung und Verstand
lassen uns oft getrennte Wege gehen

Liebe und Freundschaft
sind zwei Flüsse
die der selben Quelle entspringen

Erst mit einer gewissen Patina
wird "Altes und Schönes"
zu einer Kostbarkeit

Bei einem
einsamen Spaziergang sind meistens
die Gedanken
schneller als die Füße

Nur Menschen
können Menschen
Unmenschliches antun

Wie alles im Leben
so hat auch der Wohlstand
seinen Preis

In der Kindheit
ist das Alter weit entfernt
im Alter war die Kindheit
erst gestern

Ohne Weichen und Kurven
wäre die Zugfahrt des Lebens
vielleicht ruhiger aber sicherlich
weniger interessant

Es ist nicht wichtig
welche Farbe ein Licht hat
Hauptsache es erhellt die Dunkelheit

Die treuesten Begleiter
auf deinem Lebensweg
sind Licht und Schatten

In die Zukunft
gibt es viele Verkehrsmittel
in die Vergangenheit
nur die Gedanken

Die Kraft
die wir in der Natur tanken
sollten wir mit Liebe bezahlen

Oft muss man Dampf ablassen
um den Druck des Lebens
leichter zu ertragen

Bei äußerer Stille
findet man leichter
die innere Ruhe

Die Liebe ist wie ein Falter
der sich am Nektar
unseres Herzens labt

Liebe ist Leben
Um die Liebe zu leben
muss man das Leben lieben

Manchmal wäre es besser
die Türe zu öffnen
und dafür den Mund zu schließen

Zwischen Morgen und Abend
liegen Zukunft
und Vergangenheit

Oft findet man
gerade dort die Ruhe
wo man sie gar nicht sucht

Egal wie groß du geworden bist
vergiss nie deine Wurzeln
ohne sie wärst du nichts

Einsamkeit ist oft der Grund
wenn die Stille weint

Ruhe und Stille
ein Morgen am See
schenkt mir beides

Ein Jahreswechsel
ist weder Ende noch Anfang
sondern eine nummerierte Moment-
aufnahme unseres Weges

Mit einem Fluss
ist es wie mit dem Leben
je mehr Kurven umso interessanter

Nur durch Beobachtung
gelangt man zur Erkenntnis

In der Stille wird auch
der Geschwätzige schweigsam

Beim Anblick junger Hühner
schwillt so manchem alten Gockel
noch der Kamm

Es gibt zwei Geschenke
die unverpackt
überreicht werden sollten
Liebe und Freundschaft

Was einem
oft schleierhaft vorkommt
entpuppt sich später
einfach als Nebel

Die Liebe
ist eine Gehhilfe
auf dem Weg durchs Leben

Das Futter
hängt nur für den zu hoch
der nicht groß genug ist

Reichtum zeigt sich nicht
in der Größe des Besitzes
sondern in der Größe des Herzens

Was Gedanken vereint
wird oft von Taten
wieder getrennt

Erst durch gelegentliche Hindernisse
wird der Fluss
des Lebens interessant

Zuerst müssen wir Brücken bauen
damit die Hoffnung
ihren Weg findet

Ein verlässlicher Partner
ist wie ein stabiles Boot

Der Pessimist wird auch
in den buntesten Herbstfarben
zuerst das Schwarz sehen

Die Bedürfnisse des Einzelnen
lassen sich bei Versammlungen
nur schwer erkennen

Faulheit und Einsamkeit
führen leicht zu Neurosen

Es ist die Stille des Morgens
die mir den lauten Tag
erträglich macht

Auch in Gesellschaft
braucht jeder einen Moment
für sich allein

Ein sonniges Gemüt
wird auch scheinen
wenn es draußen einmal neblig ist

Ob Einblick oder Ausblick
beides kann
Überraschendes zeigen

So mancher Weg der Gegenwart
führt in die Erinnerung

Das Gewissen
ist wie ein Gummiband
es dehnt sich mal so mal so

Manchmal blüht auf alten Wegen
wieder neue Hoffnung

Das Glück zu fangen
ist oft leichter als es festzuhalten

Wie Blumen das Wasser
brauchen Gedanken
die Stille um zu sprießen

So mancher
möchte schnell nach ganz oben
aber nicht ganz unten beginnen

Arbeit ist Gold wert
aber erst durch Pausen
kommt es zum Glänzen

Gedanken sind die Blüten
der Fantasie
die Realität die Früchte

Die Hoffnung
ist zart und zerbrechlich
trotzdem klammern wir uns an sie

Voraussetzung
für eine gute Landung
ist Vertrauen

Archivierte Vergangenheit
ist die Bibliothek für die Zukunft

Die Liebe ist wie ein Fluss
je tiefer sie wird
umso stiller wird sie

Am Beginn des Tages
hast du noch die Wahl
Zuversicht oder Ängstlichkeit

Die Welt und sich selbst
versteht man am besten
wenn man schweigt

Lieber einmal mehr
den Schnabel aufreißen
als zu ersticken

Du brauchst nur
ein wenig Freude säen
und du wirst viel Glück ernten

Im Lichte der Menschlichkeit
werden Schatten sichtbar die man
längst vergessen glaubte

In der Stille der Einsamkeit
findet man leichter
seine innere Ruhe

Armut
ist der Sklave des Reichtums

Im Sturm der Entrüstung
erzeugen politische Windräder
die meiste Energie

Man kann sich noch so
auf den Kopf stellen
die Welt ist immer dieselbe
nur sieht man sie ein wenig anders

Stille wird erst hörbar
wenn man schweigt

Für die Sicht der Dinge
ist der Standpunkt nicht unerheblich

Die Harmonie der Farben
ist so wohltuend
wie die Harmonie der Töne

Es ist immer schöner
Blumenköpfe anzusehen
als Kohlköpfen zuzuhören

Die Vergänglichkeit des Tages
beginnt mit der Morgenröte

Liebe und Toleranz
sind die Pfeiler
für die Brücke zum Nächsten

Die Nachhaltigkeit der Erinnerung
hängt von der Intensität
des Erlebten ab

Eine Reise in fremde Länder
ist auch immer
eine Reise zu sich selbst

Worte sind wie Magnete
sie können anziehen oder abstoßen

Die beste Eigenschaft der Tiere
ist ihre Nichtmenschlichkeit

Poesie sind Gedanken
die zwischen
Himmel und Erde schweben

Egal wie lange
ein Herz verschlossen ist
die Geduld der Liebe wird es öffnen

Die Basis jeder Freundschaft
ist Vertrauen

Unvernunft
ist der Feind des Friedens

Man muss zum Träumen
nicht unbedingt
die Augen schließen

Der Futterneid der Menschen
heißt Egoismus

Altes zu bewahren
ist genauso wichtig
wie Neues zu schaffen

Wenn der Nebel
die Realität verschleiert
beginnt die Fantasie zu blühen

Gedichte

Freundschaft

Aus Knospen werden Blüten

der Zweig treibt aus dem Ast

die Freunde musst du hüten

solange du sie hast

Fernweh

Die Sehnsucht nach der Ferne

sie drängt sich hoch in mir

wann leuchten mir die Sterne

wie lang bin ich noch hier

Will endlich Wärme tanken

die Seele ist schon krank

wenn Pflicht und Freiheit zanken

es siegt die Freiheit Gott sei Dank

Der Morgen

Zärtlich küsst der Tag die Nacht

die zieht sich langsam jetzt zurück

ab nun die Sonne wieder lacht

sie wünscht dem schlafend Mond

viel Glück

Wunder der Natur

Die Falter und Libellen

ein Wunder der Natur

an allen Wasserstellen

sind sie die Schönheit pur

Die zarten Flügelpaare

hauchdünn und sehr stabil

schon Millionen Jahre

so stark und doch grazil

Strandgut

Sind wir nicht alle irgendwie Strandgut

angespült von den Wellen des Lebens

irgendwo an den Ufern des Daseins

Manche werden gefunden

geliebt andere bleiben achtlos liegen

und ein Teil wird wieder von den Wellen

erfasst und weitergetragen

So beginnt das Spiel von vorne

Am Gipfel

Bin selig von dem Anblick

und trunken voller Freud und Glück

hab Ruh und Frieden hier gefunden

am Ort der Einsamkeit

Gedanken am Meer

Wo Meer und Himmel sich vereinen

ganz zart ein dünner Strich

dort ist das Ende könnt man meinen

oh Menschenkind du täuschest dich

Man sieht so weit das Auge reicht

von seinem Weg nur kleine Stücke

bis man sein Lebensziel erreicht

am Wege über die eigene Brücke

Ganz schnell schafft man das erst Ziel

doch manchmal nur mit Müh und Plage

wird es auch öfter viel zu viel

es enden Gott sei Dank die Tage

Wäre alles nur schön und gerade

das Leben wäre öd und leer

Höhen und Tiefen nicht erleben

Schade denk ich

doch eine Träne fließt ins Meer

Manchmal

Manchmal genügt nur ein Wort

ein kleines Lächeln

manchmal genügt nur ein Blick

eine zarte Berührung

um einen Augenblick lang

Glück zu empfinden

Eiskristalle

Eiskristalle blühn an Zweigen

noch ist kalte Winterzeit

wann wird das erste Grün sich zeigen

Ach mein Herz wär schon bereit

Die Versuchung

Der Blick deiner Augen traf mein Herz

welche Qualen welcher Schmerz

ich fühle Angst ich fühle Bangen

bis deiner Lippen Druck

auf meinen Wangen

mich befreien von dem Schmerz

und es jagt und pocht das Herz

Und von fern die leise Stimme

Komm

immer lauter das Verlangen

Komm

Wie das Meer umspült die Strände

fühlen deinen Körper meine Hände

dein Gesicht deine Haare

sind es Minuten sind es Jahre

vergessen sind die Zeit der Raum

nur noch schweben wie im Traum

die Zeit kann ich nicht messen

diese Augen werd ich nie vergessen

Sehnsucht nach Griechenland

Ich sehne mich nach dir

nach dir mein geliebtes Griechenland

Nach den Wellen des Meeres

und ihrem Wiegenlied

Ich sehne mich nach deinen Inseln

den Inseln wie Perlen auf blauem Samt

Ich sehne mich nach dir

nach dir wo ich die Freiheit spüre

nach den Menschen und ihren Liedern

den Liedern die mich beglücken

Ich sehne mich nach den Bergen

den Bergen wo einst die Götter wohnten

Ich sehne mich nach dir

nach dir meine Geliebte

Nach den leuchtenden Augen

den Augen die mich verbrennen

Ich sehne mich nach deinen Lippen

den Lippen die mich küssen

Ich sehne mich nach dir

nach dir und dem Wein der selig macht

nach dem Duft des Hafens

des Hafens wo weiße Boote schaukeln

Ich sehne mich nach dir

nach dir mein geliebtes Griechenland

Die Bucht

Ich kann sie nicht vergessen

die Bucht im Abendschimmer

umringt von steilen Felsen

Das Gefühl der Einsamkeit

den Blick aufs Meer gerichtet

in Gedanken stets bei dir

wartend bis die Sonne sinkt

hinab ins Meer der Träume

hoffend, dass sie Wahrheit werden

Ich kann sie nicht vergessen

die Bucht im Abendschimmer

umringt von steilen Felsen

Die Möwe

Der Möwe gleich im Fluge

möchte ich frei sein

von den Sorgen des Alltags

frei sein von

den Schmerzen der Sehnsucht

Der Möwe gleich im Fluge

möchte ich getragen werden

von den Schwingen

getragen in die Lüfte

wo Gedanken kein Ballast

Der Möwe gleich im Fluge

möchte ich frei sein

und nur ich selbst

Rhodos

Vom Aufwind wild

mein Haar zerzaust

blick ich hinab vom steilen Felsen

Die schäumend wilde Gischt

des Meeres sehend

wo weiße Möwen schwimmen

Aus den Tiefen der See

wurdest du geboren

du Eiland meiner Sehnsucht

Du Heimat der Telchinen

Rhodos Tochter der Liebe

Poseidons und Alias

Du Rhodos Geliebte

des Gottes Helios

Mutter der Heliades

Du gabst deinen Namen

dieser schimmernden Perle

der blauen Ägäis

Du viel umkämpfter

viel geschundner Fleck der Erde

Kein Krieg kein Kampf

konnte dich bezwingen

nach Hellas kamst du heim

Bin wie berauscht vom

Dufte deiner Blumen

vom satten Grün der Wälder

Vom Aufwind wild

mein Haar zerzaust

blick ich hinab und träume

Spaziergang im Winter

Blau strahlt der Himmel

im hellen Sonnenlicht

mit jedem Atemzug

hebt sich die Brust

ist spürbar jeder Herzschlag

und hörbar jeder Schritt

bei kalter klarer Luft

auf fest gefrorenem Schnee

in winterlicher Stille

In Erwartung

Weit offen stehen

die Fenster meines Herzens

in Erwartung deiner Liebe

Der Wind der Sehnsucht

soll sie mir bringen

damit die Hoffnung sich erfüllt

Deine Wärme fühlen

einfach deine Nähe spüren

wäre unsagbares Glück

Der stille Wunsch

es einmal zu erleben

er brennt in meiner Brust

Weit offen stehen

die Fenster meines Herzens

Im Nebel

Still senkt sich der Nebel

vergebens sucht der Blick ein Ziel

verdeckt sind alle Wipfel dunkler Bäume

mit Feuchtigkeit umhüllt ist jeder Stein

der Schritt gedämpft durch Gras und Moos

nur ahnen kann man noch den Weg

ganz zaghaft flackert mystisch heller Schein

und plötzlich geht der Vorhang hoch

zarter Wind durchstreift die Äste

und lieblich tönt die Melodie

am Boden tanzen Sonnenstrahlen

mit Schatten einen Reigen

die Luft wird klar und rein

und jeder Atemzug belebt die Sinne

ein wahres Labsal für die Seele

das Grün des Waldes und der Duft

behutsam langsam Schritt für Schritt

die Schönheit der Natur genießen

Eros

Eros du lieblicher Gott

tritt aus dem flackernden Schein

des Feuers

Werde ich dich erkennen

In welcher Maske wirst du erscheinen

Mein Auge kann dich nicht finden

ich vermag nur deine Nähe zu spüren

Nimm meine Hand und führe mich

fliehe mit mir in die schützende Nacht

Lass uns im fahlen Licht des Mondes

naschen vom köstlichen Nektar der Liebe

Lass uns trinken vom berauschenden Wein

verleih unseren Sinnen Flügel des Glücks

Eros du lieblicher Gott

tritt aus dem flackernden Schein

des Feuers

Tanz der Schwäne

Ein Schwan im weißen Federkleid

auf spiegelglattem See

in Grazie und Anmut

sich seiner Schönheit wohl bewusst

schwimmt ruhig majestätisch

Ein Bild dass mir der Atem stockt

Zaghaft still und langsam

ein zweiter kommt behutsam jetzt herbei

und plötzlich beginnt ein Tanz

in vollem Rausch doch zarter Harmonie

Das Tempo dieser Szene

lässt mich den Blick nicht wenden

Die Schöpfung zeigt mir wieder

welch grenzenlosen Reichtum sie besitzt

„Die Zärtlichkeit der Liebe"

heißt nun das Schauspiel der Natur

Dankbarkeit und Freude

empfindet meine Seele

Berauscht sind alle meine Sinne

Beim leisen Ausklang dieser Sinfonie

senkt sich der Vorhang nieder

und sie entschwinden

allmählich meinem Blick

die Schwäne im weißen Federkleid

auf spiegelglattem See

Trugbild

Im Nebel der Sehnsucht

erscheint mir dein Antlitz

Den zierlichen Körper

erkenn ich mit Wonne

Ein Trugbild der Augen

bei flimmernder Hitze

Gedanken der Wirrnis

oder einfach nur Traum

Du Wunsch meiner Seele

wie kann ich dich fassen

und entfliehen mit dir

in das Dunkel der Nacht

Rosenstrauch

Ein Rosenstrauch im Garten

direkt vor meiner Tür

Ich kann es kaum erwarten

bis seinen Duft ich spür

Der erste Weg am Morgen

führt mich in seine Näh

Die Blüten ganz verborgen

nur Knospen die ich seh

Doch plötzlich welche Wonne

nach einer dunklen Nacht

im hellen Licht der Sonne

erblüht die ganze Pracht

Leben

Freude und Tränen

ein Wechselbad der Gefühle

Zweifel und Hoffnung

am Ringelspiel der Gedanken

Spüren und Lieben

warten auf die Erfüllung

Warum

Spürst du nicht

wie ich darbe

wie meine Seele dürstet nach dir

Merkst du nicht

wie ich es verlor

mein Blut im Reiche des Schattens

Spürst du nicht

wie ich ihn erwarte

den Morgen am Ende vom Traum

Merkst du nicht

wie ich sie ersehne

die glänzenden Knospen am Lebensbaum

Spürst du nicht

wie meine Seele dürstet nach dir

Unterm Lindenbaum

Vom langen Wandern müde

sank ich ins grüne Gras

den Blick nur stets nach oben

zum   blauen Firmament

vom süßen Duft der Blüten

war ich einst wie berauscht

Ein Wolkenengel sandte mir

den zarten Hauch des Windes

berührte zärtlich mein Gesicht

und ließ mich langsam träumen

Gedanken flogen mit hinauf

in unendlich weite Ferne

Vom langen Wandern müde

lag ich im grünen Gras

Wie ein Vogel

 Wie ein Vogel

hoch am Himmel fliegen

ist mein großer Traum

Mit den Schwingen

in die Luft getragen

leicht und mühelos

schwebend kreisen

in des Windes Bahnen

frei und sorgenlos

Wie ein Vogel

hoch am Himmel fliegen

ist mein großer Traum

Wehmut

Die Tränen die ich vergieße

füllen den See meiner Sehnsucht

Die Träume die ich erlebe

erfüllen mein Leben mit Liebe

Die Gedanken die ich denke

erfüllen mein Herz mit Wehmut

Der Kuss

Heiß wie Feuer

brennt das Rot

deiner Lippen

auf meinem Mund

während meine Hände

dich fühlen und liebkosen

streicheln meine Gedanken

Worte auf deine Haut

zärtlich behutsam

damit die Bewegungen

sie nicht verwischen

Masken

Hässliche Fratzen

glitzernde Masken

in lodernden Flammen

gierige Hände

greifen nach mir

die Hitze

der glühenden Hölle

sie treibt

mir den Schweiß

das Kichern

der Geister

es wird zum Geschrei

der Schmerz

in den Ohren

ließ mich erwachen

noch klingt es fort

das schreckliche Lachen

Dunkelheit

Ringsum

Fahles Licht

Flackernde Angst

Steigt hoch

Regen fällt

Spiegelnde Pfützen

Menschen hasten

Bleiche Gesichter

Starren zu Boden

Hinter mir

Hörbare Schritte

Vor mir

Dunkle Gestalten

Gedanken fliehen

Kehren wieder

Es bleibt

Dunkelheit

Ringsum

Flackernde Angst

Komm

reich mir deine Hand

lass

uns gehen mit einem Band umwunden

gemeinsam

durch das späte Land

genießen

wir die schönen Stunden

im

warmen Herbst des Lebens

dann

war unsere Liebe nicht vergebens

Hingegeben

Du flüsterst leise

meine Seele liest die Worte

Hände streicheln

Zärtlich das Gesicht

Finger schreiben

Sanft auf nackter Haut

Eins geworden   hingegeben

blind dem Sog der Leidenschaft

Herbstgedanken

Nun ist es Zeit

dem Herbst die Ehre zu erweisen

tief gebeugt ist mancher Ast

nun ist es Zeit

ihn zu befreien von der Last

Nun ist es Zeit

dem Herbst die Ehre zu erweisen

welke Blätter auf der Gartenbank

nun ist es Zeit

zu sagen gutes Jahr hab Dank

Nun ist es Zeit

dem Herbst die Ehre zu erweisen

träumen von den Sommertagen

nun ist es Zeit

nicht klagen und nicht fragen

Nun ist es Zeit

dem Herbst die Ehre zu erweisen

die Stille einfach zu genießen

nun ist es Zeit

bis wieder neue Blätter sprießen

Flucht

Bomben sausen
Raketen zischen ohne Pausen

Mütter weinen
Kinder schreien zwischen Beinen

Zerstört Ist ihre Heimat
durch des Krieges List

Fliehen
Hab und Gut dort liegen lassen

Getrieben werden über Land und Meer
wie Herden

Müde durchgefroren
auf dem Weg den Rest verloren

Angekommen wird geholfen
aber wirklich angenommen

Ihr Dilemma zeigt sich krass

ein Leben
zwischen Liebe Angst und Hass

Verzauberte Nacht

Die aufgebrachte See

presste mich an den Felsen

höllisch brannte das Salz

auf zerrissener Haut

das Blut der Wunden

rann zurück in ihren Schoß

Betäubt vom Dufte süßer Blüten

tanzte mein Kopf

im Takte der Wogen

beraubt aller Sinne

wie vom Wein berauscht

Die meernasse Haut

der Jungfrau

am sandigen Strand

mit Lippen getrocknet

ergeben der sinnlichen Liebe

Im zarten Lichte

des erblühenden Morgens

schweifte mein Blick

übers ruhige Meer

und ließ meine Träume versinken

Ich treibe…

Ich treibe hilflos im Meer der Gefühle

Festgehalten von der Brandung

an den Fels geschleudert

Die Haut aufgerissen

Das innere Ich blutend es brennt

 wie höllisches Feuer

Duldend

Ich ertrage das Leid denn Du

bist die Hoffnung

Ich treibe hilflos im Meer der Gefühle

Ich liebe

Ich schreie

doch meine Stimme ist stumm

Ich weine

doch meine Augen sind trocken

Ich versinke

doch ich gehe nicht unter

ICH LIEBE

Anfang und Ende

Ein scheues Flackern der Liebe

entfacht zur lodernden Flamme

verwirrt die Sinne mit glühender Hitze

verbrennt die zärtlichen Triebe

Glimmende Asche bedeckt je das Sein

begräbt die Gefühle erstickt jede Lust

nur noch hoffen auf grünende Keime

immer sich sehnen nach hellerem Schein

Dunkle Gedanken sie fliehen ins Nichts

kehren zurück in den Kreisel

beginnen von vorne ihr hektisches Spiel

suchen vergebens die Farben des Lichts

Ein scheues Flackern der Liebe

entfacht zur lodernden Flamme

verwirrt die Sinne mit glühender Hitze

verbrennt die zärtlichen Triebe

Himeros

Es lodert noch die Glut

wo unsre Liebe starb

der Seelen Hab und Gut

warst du der junge Morgen

wie ich die finstre Nacht

und nichts blieb uns verborgen

Die Kraft der Feuersbrunst

zerstörte unser Sein

im frühen Morgendunst

Verblasst scheint mir der Ort

und schemenhaft der Traum

nun endlich flog er fort

Himeros wird erscheinen

mit seiner Liebeskraft

und uns im Glück vereinen

Bisher von Karl Miziolek erschienen:

Meine Kindheit im Paradies
Autobiografische Erzählung
 aus der Kindheit des Autors
 von 1938 bis 1951
ISBN   9783735777829

Episoden aus Griechenland
Amüsante Kurzgeschichten
aus Griechenland. Land

ISBN 9738735778475

Die Reise nach Paris
Eine spontane Reise mit dem
Motorroller

ISBN 9783734727504